Les textes et les recettes ont été rédigés par Jean-Pierre DÉZAVELLE.

Les photographies sont de SAEP/Jean-Luc SYREN et Valérie WALTER sous la direction artistique de Jean-Luc SYREN.

Les plats ont été préparés par Jean-François CAMPAGNE.

La coordination a été assurée par SAEP/Éric ZIPPER.

Composition et photogravure : SAEP/Arts Graphiques.

Impression : Union Européenne.

Nous remercions ERNEWEIN-HAAS, Ignace FRIEDMANN, Richard HAUSSWIRTH, Henri SIEGFRIED, SIEGFRIED-BURGER, WEHRLING et fille, Henri WITT, potiers à Soufflenheim (67).

Conception : SAEP CRÉATION
68040 INGERSHEIM - COLMAR

Cuisiner avec la poterie de Soufflenheim

ÉDITIONS S.A.E.P. 68040 INGERSHEIM - COLMAR

À Claire.

Signification des symboles accompagnant les recettes

X — Préparation très simple
X X — Préparation facile
X X X — Préparation élaborée

Peu coûteuse
Raisonnable
Coûteuse

Accord mets et vins

Merci aux empereurs !

Depuis des millénaires, les mouvements de l'histoire des peuples et des civilisations nous ont habitués aux bouleversements géographiques, aux glissements des frontières comme aux modifications des pays.

Et, depuis quelque deux mille années, sans jamais avoir demandé l'avis de ses habitants, cette « belle province » a été gouvernée par des autorités sises, selon les temps, d'un côté ou de l'autre du Rhin !

Faisant fi des obligations politiques, les Alsaciens se sont construit, au fil des siècles, un individualisme authentique où il fait bon se réunir « entre soi ». Habitué à se méfier de ce qui vient aussi bien de l'Est que de l'Ouest, l'Alsacien a appris à jauger avant de se livrer. Mais, quand la confiance est installée, la participation à la vie de cette magnifique région n'a de limites que celles que chacun veut bien se fixer.

Dans la plaine du Rhin, la richesse du sol permet au cultivateur de produire en abondance les légumes et les fruits ; sur les collines et les contreforts des montagnes vosgiennes, les vignes croissent, le raisin est magnifique, les vendanges sont excellentes. L'élevage est important, bovins, ovins, caprins fournissent lait et viandes de qualité, le porc est omniprésent, les basses-cours regorgent d'animaux dodus à souhait. Les rivières sont riches de toutes sortes d'excellents poissons et les forêts sont habitées par de très nombreux animaux sauvages chassés pour leur chair succulente. Le sucre est issu des betteraves ou fourni par le miel des abeilles ; le sel est tiré du sol. Les quelques fruits qui pourraient manquer sont apportés par les marchands qui échangent épices et condiments contre les richesses régionales.

Merci à l'empereur Charlemagne d'avoir donné une existence à l'Alsace et merci à l'empereur Frédéric Barberousse d'avoir octroyé aux potiers de Soufflenheim ainsi qu'à tous leurs descendants mâles le privilège d'extraire des forêts avoisinantes l'argile nécessaire à leur art et le bois indispensable à sa cuisson.

Sans Charlemagne et sans Barberousse, connaîtrions-nous aujourd'hui le baeckeoffe, le kougelhopf... et toutes ces spécialités gourmandes ?

Introduction

5

Tradition et passion

La terre pour origine : symbole cosmogénique qui fait naître l'homme de la glaise, destin de la terre pétrie par les mains de l'homme, durcie au feu, pour contenir les aliments, conserver et valoriser la saveur de la nourriture indispensable à la perpétuation de la vie, les potiers de Soufflenheim en sont les artisans millénaires.

S'il y a un métier au monde qui peut se prétendre le plus vieux métier du monde, c'est bien celui de potier. Les premiers artisans apparurent au moment de l'âge du bronze.

Présente depuis près de quatre mille ans dans le nord de l'Alsace, comme l'atteste la découverte de nombreux vestiges de céramiques, la poterie est sans conteste une des plus anciennes activités de l'homme.

C'est la domestication du feu et l'«invention » de la roue, donc du tour, qui vont contribuer à la naissance de cet art « alimentaire » dont les perfectionnements perpétuels, dans le respect de la tradition séculaire, nous émerveillent.

En Alsace, le tour du potier est apparu vers l'an 400 avant Jésus-Christ, mais Soufflenheim ne serait mentionné qu'à partir de 1147, sur un document signé par le pape Eugène III.

Est-ce parce qu'un potier cherchant de la glaise aurait sauvé l'empereur de la charge d'un sanglier ou en reconnaissance de l'offrande d'une crèche avec des figurines en terre cuite que Frédéric Ier Barberousse a octroyé aux potiers de Soufflenheim ainsi qu'à tous leurs descendants mâles le privilège d'extraire des forêts avoisinantes l'argile nécessaire à leur art et le bois indispensable à la cuisson ?

Les archives, fort bien conservées, apportent les preuves que l'activité des potiers n'a jamais cessé. Quand bien même des procès ont été intentés et des jugements, rendus, tous les témoignages concordent : « Les plus vieilles gens de Soufflenheim savent que les potiers de leur commune exercent leur droit de prélever la glaise et d'en faire poterie depuis des temps immémoriaux. »

L'Alsacien est gourmet et gourmand depuis toujours. Il est logique que tout ce qui approche, de près ou de loin, l'art culinaire et les objets servant à la préparation des repas soit, peut-être plus que dans d'autres régions, fort important, varié, fonctionnel et beau.

C'est qu'ici on sait, de tous temps, allier le bon et le beau ; le contraire est inconcevable !

Bien que modestes, les récipients décorés sont déclinés dans des coloris, des motifs, des formes, une fonctionnalité tellement variés − bols, pots, pichets, terrines, plats, moules… − qu'ils suscitent l'admiration des utilisateurs et des collectionneurs.

Du tour au four, les techniques de fabrication

Avant de pouvoir être portée sur la table, toute fumante et odorante, la terrine passe par différents stades, depuis l'extraction de l'argile jusqu'à la cuisson en passant par l'engobage, l'émaillage, le décor, etc.

L'argile

La principale carrière est située à la sortie de Soufflenheim, en forêt de Haguenau. Depuis plus de mille ans, cette argile convient à la fabrication des poteries culinaires. Extrait à une profondeur variant de 8 à 10 mètres, « le banc » de glaise atteint une épaisseur de 1,5 à 3 mètres.

La terre – marnes argileuses, argiles plastiques – fraîchement extraite est purifiée puis triturée, mélangée à des proportions variables de sable – silices –, humidifiée, malaxée et mise à « maturer », sorte de « pourrissement » pendant lequel s'opère une fermentation qui permet l'agglomération de la matière.

✓ Le façonnage

• Le tournage

Depuis l'aube des temps, les gestes n'ont pas changé : la balle de terre est posée sur la girelle, actionnée aujourd'hui par une force motrice. C'est de l'habileté de l'artisan que résultent le galbe, l'harmonie des formes, mais surtout l'épaisseur constante du matériau et la régularité des modèles.

• Le moulage

Pour les modèles de formes géométriques variées autres que circulaires, on a recours au moulage par pression de la terre dans des matrices généralement en plâtre. Aujourd'hui, la pression est mécanique.

Certains ustensiles sont réalisés en plusieurs parties : le fond, les parois, le couvercle. Les assemblages se font avec de la barbotine, terre un peu liquide utilisée comme liant.

✓ Le garnissage

Sur le modèle tourné ou moulé, il faut ajouter des anses, des poignées, des éléments de préhension ou de décor. Façonnés à la main, des boudins réguliers prennent place aux bons endroits, assemblés avec de la barbotine.

✓ L'estampillage, le calibrage

Afin de garantir la constance des formes, tous les modèles sont comparés à la matrice correspondante.

Tout est contrôlé : diamètre et profondeur des bols, des assiettes, des plats, galbe des pots et des pichets, épaisseur des parois, ajustement des couvercles, etc.

✓ La finition, le nettoyage

Les pièces aux formes acceptées sont ajustées, ébarbées, nettoyées pour éliminer tout excès de terre ou toute bavure de barbotine.

✓ L'engobage

C'est l'opération qui va donner à la pièce sa couleur de fond.

Les pièces sont généralement plongées dans l'engobe : argile délayée dans de l'eau, pour recouvrir entièrement la terre, normalement l'extérieur.

Les engobes sont composés d'argile additionnée d'oxydes colorants ou fondants.

Les pigments minéraux contenus naturellement dans les variétés de terre donnent les couleurs de base :

- rouge-brun, argile rouge de la forêt de Haguenau, riche en oxyde de fer ;
- brun foncé, terre enrichie d'oxyde de manganèse ;
- brun, mélange des deux précédents ;
- vert, terre de Riedseltz et oxyde de cuivre ;
- blanc crème, mélange de terre de Riedseltz et d'oxyde d'étain ;
- jaune, terre de Soufflenheim ;
- bleu, terre de Riedseltz et oxyde de cobalt.

Et toutes les nuances sont obtenues grâce à divers mélanges avec la terre de Riedseltz.

Après séchage, les pièces peuvent être décorées.

✓ La décoration

La technique décorative la plus utilisée est le décor au barolet.

Le barolet est un petit récipient en terre, en forme de poire, pourvu d'un écoulement fait d'un tube en plume d'oie. Il est rempli d'engobe coloré, et il faut une grande dextérité, fruit d'un long apprentissage, pour le manipuler et maîtriser l'écoulement rapide du liquide en même temps que l'exécution des motifs variés.

Les motifs dépendent essentiellement de la nature et de la forme des pièces à décorer. Ce sont les fleurs − marguerite mais aussi tulipe, muguet, pavot, épi de blé, feuillages… − qui sont les plus représentées. Les thèmes animaliers − poules, coqs, canards… − ont leur place, et les bordures géométriques, frises ou figures, sont de tradition, tout autant que les maximes, les proverbes et autres stances inscrites sur les différents modèles.

Les techniques modernes de décalcomanie, de transferts ou d'impression, alliées à l'utilisation de pigments différents, permettent de varier les décors à l'infini : personnages, paysages, motifs artistiques et personnalisés sont reproductibles sur toutes les formes.

✓ Le séchage

Dès le décor posé, les pièces sont mises à sécher, à l'abri mais à l'air. Selon leur dimension, la durée du séchage varie de une à trois semaines.

✓ L'émaillage

Les pièces sont recouvertes de glaçure, enduit vitrifiable, transparent et incolore ou opaque et coloré, pour leur donner de l'éclat et les rendre imperméables et inaltérables.

Les principaux procédés pour enduire les poteries de « vernis » sont :
– le trempage, qui consiste à plonger rapidement la pièce dans un bain d'émail épais ;
– l'arrosage, en faisant couler une « bouillie » d'émail sur les pièces ;
– l'insufflation d'émail dilué dans de l'eau et projeté sur les pièces par un jet d'air comprimé ;
– l'émaillage au pinceau ou à l'éponge.

Les émaux transparents utilisés sur la poterie commune sont des silicates de plomb obtenus par mélange de sulfure de plomb (alquifoux) ou de minium avec de l'argile.

L'émaillage en blanc à l'intérieur des moules et des terrines est obtenu avec un émail stannifère, émail plombeux opacifié en blanc par l'oxyde d'étain.

L'utilisation de feldspaths – aluminosilicates naturels de potassium – de sodium, de calcium, mélangés à l'émail, confère des duretés renforcées.

✓ La cuisson

Contrairement aux faïences, céramiques et autres porcelaines, les pièces en terre cuisent en une seule fois.

Auparavant construit au fur et à mesure et alimenté au bois, le four est aujourd'hui inamovible, chauffé principalement au gaz.

Les pièces sont rangées avec précaution sur un bâti métallique, en étages successifs, et enfournées pour cuire à une température de 1000 °C pendant une quinzaine d'heures.

✓ Le défournement

Une mauvaise maîtrise dans les différentes étapes de la fabrication des pièces sera immédiatement sanctionnée par l'épreuve du four. C'est du four que « sort la vérité ». Un peu de casse est inévitable. Mais, lorsque les poteries rutilantes découvrent la lumière du jour, c'est, pour elles, le début de la grande aventure vers la table quotidienne.

Des modèles et des formes pour tous les usages

Les potiers de Soufflenheim ont su diversifier leur production, les uns se sont spécialisés dans la poterie horticole – pots, jardinières, balconnières, vases et terrines en tout genre –, d'autres ont ressuscité l'art du poêle en faïence, la poterie décorative – tuiles et faîtières, coupes, panneaux, triptyques… – ou encore l'art statuaire et religieux ; mais la plus grande production, celle qui fait la renommée du pays tout entier, c'est celle de poterie « culinaire », contenants de solides et de liquides.

Les catalogues des poteries déclinent les différents modèles et les décors disponibles.

Terrines ovales, terrines rectangulaires, terrines rondes, moules à soufflé, poêlons, saladiers, faitouts bas, faitouts hauts, kougelhopf décoré, kougelhopf uni, agneau pascal, coq décoré, coq uni, écrevisse, étoile, poisson, poupon, raisin, plat à cake, plat à escargots, plat à fromage, plat à œufs, plats ovales, plats rectangulaires, plats ronds, plats à tarte, plats à tourte, pot à oignons, pot à ail, assiettes creuses, assiettes à dessert, assiettes plates, assiettes murales, beurrier, pots à crème, pots à lait, bols, bols à oreilles, coquetiers, ramequins, soupières, gobelets, tasses, sous-tasses, briques à vin, cruches, cruchons, pot crinoline, chopes à bière, service à schnaps, vase, bougeoir, cendrier, corbeille tressée, suspension, etc., et tous les articles à créer selon l'inspiration, les demandes des clients ou les besoins du marché.

Quelques conseils d'utilisation

Conçues pour un usage régulier, les poteries de Soufflenheim méritent quelques attentions. Bien que durcies au feu, elles restent sensibles aux chocs. Elles s'écaillent, s'ébrèchent, se cassent selon la violence des chocs, mais résistent de très nombreuses années en utilisation normale.

Dans tous les cas, avant toute première utilisation, une poterie culinaire doit tremper pendant au moins 6 heures dans de l'eau additionnée d'un peu d'huile. Séchée et essuyée, elle sera ensuite remplie de lait. L'ensemble sera placé au four chaud (180 °C, th. 6), pendant 45 minutes. Laisser le lait refroidir dans l'ustensile hors du four. Vider et rincer soigneusement pour enlever toute odeur résiduelle.

Pour les moules à gâteaux (kougelhopf, moules à tarte, agneau…), il faudra les beurrer soigneusement avant d'y poser la pâte. Après chaque cuisson, lorsque le gâteau s'est parfaitement démoulé sans accrocher, nul besoin de laver le moule. L'essuyer proprement avec un papier absorbant pour éliminer toute trace de gras et le ranger jusqu'à l'utilisation suivante.

Attention, il peut rester des traces de graisse à l'intérieur du moule s'il a été mal essuyé, et, lorsqu'il n'est pas utilisé souvent, cette graisse peut prendre un goût de rance. C'est le risque des moules à agneaux utilisés une fois l'an, par exemple. L'essuyage du moule avec du papier absorbant est très important. Emballé soigneusement dans un film alimentaire fermé hermétiquement, le moule peut attendre à l'abri jusqu'à l'utilisation suivante.

Aujourd'hui, les différentes compositions d'argiles, enrichies plus ou moins de silice selon les fabrications, destinent les poteries à une utilisation sur les sources de chaleur actuelles.

Les moules à gâteaux, les terrines, les plats à gratin… résistent aux températures élevées des fours traditionnels aussi bien que des fours « à chaleur tournante ». Ils passent du micro-ondes à la table sans aucune difficulté. Ils supportent sans souci le passage au congélateur.

Toutefois, il est bon de respecter certaines précautions.

– Jamais de choc thermique : le passage brutal du froid au chaud – ou du chaud au froid – peut être fatal ; toujours laisser le temps à la poterie de revenir à la température ambiante de la cuisine.

– Ne pas poser un ustensile « nu » directement sur une source de chaleur. Lorsque la recette précise que les aliments (viandes, volailles, poissons…) doivent être rissolés avant d'être mis en cuisson, ce rissolage doit être effectué à part, dans une poêle.

– Éviter la cuisson à la flamme directe. Utiliser un diffuseur intercalé entre la source de chaleur : plaque de mijotage au gaz, brûleur à flamme directe, plaques électriques qu'elles soient obscures, radiantes, à résistance ou halogènes.

Les poteries ne fonctionnent pas avec les tables de cuisson à induction.

Les poteries culinaires s'entretiennent comme toute vaisselle, avec de l'eau et un produit vaisselle ; elles passent aussi au lave-vaisselle.

Lorsque des aliments ont accroché, l'usage d'un tampon abrasif est possible, mais sans trop forcer pour ne pas entamer l'émail, aussi solide soit-il.

Attention à l'utilisation de décapants trop puissants, qui peuvent altérer le vernis.

Bien que toutes les précautions d'usage soient prises, il arrive parfois que l'émail, à l'intérieur des récipients, se fendille en une multitude de microfissures. Absolument inoffensive, cette altération nuit à l'aspect de l'ustensile. Pour corriger ce défaut, remplir la poterie de lait, laisser reposer quelques heures. La caséine du lait se dépose et s'infiltre dans les fissures pour les colmater. Il suffit de jeter le lait, de rincer rapidement le récipient, de l'essuyer : il a retrouvé son aspect original. Toutefois, cette nouvelle jeunesse n'est pas éternelle et les fissures finiront par réapparaître plus ou moins rapidement.

Marmite de queue de bœuf en croûte feuilletée

XX 🍷🍷

6 pers.

Préparation : 30 min
Cuisson : 2 h 30 min

600 g de queue de bœuf coupée en tronçons
1,5 l de bouillon de pot-au-feu
3 carottes
2 poireaux
1 branche de céleri
2 oignons
2 gousses d'ail
300 g de pâte feuilletée
1 œuf
Sel, poivre.

Blanchir fortement les tronçons de queue de bœuf, les rincer.

Porter le bouillon de pot-au-feu à ébullition, y faire cuire la queue de bœuf pendant 1 heure 30 minutes. Éplucher les légumes, les ajouter dans le bouillon, cuire encore 30 minutes, saler, poivrer.

Égoutter la viande et les légumes. Désosser la queue de bœuf, effilocher la chair.

Couper les carottes et les poireaux cuits en petits morceaux.

Filtrer le bouillon à travers une passoire fine. Rectifier l'assaisonnement.

Dans 6 bols individuels allant au four, répartir les petits morceaux de légume, la chair de queue de bœuf et le bouillon, laisser tiédir.

Étaler la pâte feuilletée sur une épaisseur de 2 mm. En se servant d'une soucoupe ou d'une petite assiette plus grande de 4 cm que le diamètre des bols, découper 6 disques de pâte.

Casser l'œuf dans une tasse, le battre en dorure. Badigeonner les disques de pâte avec la dorure, les coller soigneusement sur les bols en veillant à les faire adhérer parfaitement.

Dorer toute la surface de la pâte, marquer légèrement quelques dessins à l'aide de la pointe d'un petit couteau ; attention à ne pas perforer la pâte !

Poser les 6 bols sur la plaque du four. Les glisser au four, à 210 °C (th. 7), laisser cuire jusqu'à l'obtention d'une belle croûte dorée et bien gonflée. Servir aussitôt.

Beaujolais : sans problème avec les plats copieux de l'hiver, servi à 10 °C.

Soupe aux pois cassés

6 pers.

Préparation : 20 min
Cuisson : 1 h 15 min

400 g de pois cassés
1 branche de céleri
1 gousse d'ail
1 oignon moyen
2 carottes
1 poireau
50 g de beurre
250 g de lard demi-sel
150 g de pain de seigle
1 cuil. à soupe d'huile
20 cl de crème fraîche épaisse
Sel, poivre, muscade râpée.

Bordeaux : vin rouge équilibré, tonique et légèrement fruité, servi de 16 à 18 °C.

Rincer les pois à l'eau froide, les mettre dans une marmite assez grande, les couvrir d'eau froide, porter à ébullition, égoutter, rincer soigneusement, égoutter à fond.

Nettoyer les légumes, les émincer.

Faire chauffer 20 g de beurre dans la marmite, y faire étuver les légumes émincés. Ajouter les pois blanchis, mouiller avec 2 l d'eau froide, porter à ébullition, écumer, couvrir, laisser cuire doucement pendant 30 minutes.

Ajouter le lard, remettre en cuisson 30 minutes à couvert.

Couper le pain de seigle en petits cubes de 1 cm de côté. Faire chauffer le reste du beurre, y faire dorer les cubes de pain, les réserver.

Lorsque les pois sont cuits, retirer le lard.

Passer la soupe au moulin à légumes muni d'une grille fine, saler, poivrer, muscader.

Couper le lard en lardons, les faire rissoler dans une poêle avec l'huile chaude, les égoutter sur un papier absorbant.

Verser la crème dans la soupe, ajouter les lardons, mélanger. Servir très chaud en présentant les croûtons frits à part.

Soupe gratinée à la bière

6 pers.

Préparation : 10 min
Cuisson : 40 min

200 g de gros oignons
60 g de beurre
60 g de farine
75 cl de bière blonde
75 cl de bouillon de volaille
6 tranches de pain
80 g de gruyère râpé
Sel, poivre.

Pourquoi ne pas déguster une chope de **bière blonde** bien fraîche ?

Éplucher, hacher les oignons. Les faire étuver dans le beurre chaud, sans cesser de remuer, leur laisser prendre une légère couleur blonde. Saupoudrer avec la farine, mélanger, laisser cuire quelques instants. Mouiller avec la bière et le bouillon, délayer soigneusement, saler, poivrer, laisser cuire doucement pendant 30 minutes.

Faire griller les tranches de pain. Les disposer dans une soupière ou dans des bols individuels allant au four. Répartir le gruyère sur le pain. Verser dessus la soupe bouillante.

Gratiner sous le gril du four, servir aussitôt.

Terrine de harengs fumés aux pommes et à la bière

6 pers.

Préparation : 45 min
Cuisson : 35 min
Repos : 6 à 8 h

500 g de pommes de terre
fermes (charlottes, rates)
12 filets de hareng doux
fumés
4 feuilles de gélatine
25 cl de bière blonde
25 cl de crème fraîche
1 cuil. à soupe de raifort râpé
1 oignon blanc frais avec la
tige
1 pomme granny smith
100 g de gros cornichons
aigres-doux
Sel, poivre.

Cuire les pommes de terre en robe à l'eau bouillante salée.

Diviser les filets de hareng, dans la longueur, en trois morceaux et veiller à bien séparer le morceau du milieu, qui contient des arêtes. Réserver soigneusement les morceaux de hareng sans arêtes.

Mettre les feuilles de gélatine à tremper dans de l'eau froide. Les égoutter quand elles sont ramollies.

Porter la bière à ébullition, y faire cuire les morceaux de hareng avec les arêtes, ajouter la crème, poivrer. Incorporer le raifort râpé et les feuilles de gélatine, les laisser fondre. Passer la préparation à travers un tamis fin. Prélever un quart des pommes de terre cuites, les éplucher encore chaudes, les écraser à la fourchette. Mélanger la purée de harengs avec les pommes de terre écrasées.

Éplucher le reste de pommes de terre, les détailler en tranches régulières.

Émincer l'oignon. Éplucher la pomme, détailler en bâtonnets. Détailler également les cornichons.

Dans une terrine de dimension appropriée, déposer une couche de purée de harengs, ranger par-dessus quelques tranches de pommes de terre, aligner les morceaux de filets de hareng réservés, alterner avec un peu d'oignon émincé et des bâtonnets de pomme et de cornichon. Recouvrir d'une couche de purée, tasser, ajouter des pommes de terre, des harengs - pomme - oignon - cornichon. Recommencer pour obtenir environ trois couches. Finir par une couche de purée. Tasser soigneusement. Couvrir. Laisser reposer pendant 6 à 8 heures (une nuit).

Démouler, couper en tranches avec précaution, dresser sur assiette.

Accompagner de crème fouettée relevée de ciboulette ciselée et de jus de citron.

Alsace pinot gris :
au goût légèrement fumé. Parfaite association avec les poissons fumés, servi de 8 à 10 °C.

Terrine de foie gras de canard

XX ◎◎◎

6 pers.

Préparation : 15 min
Cuisson : 1 h
Macération : 6 à 8 h

1 beau lobe de foie gras de 500 à 600 g
Sel épicé.

Déveiner avec précaution le lobe de foie en incisant dans toute sa longueur pour extraire délicatement les vaisseaux sanguins. Cette opération est délicate, il est préférable de laisser quelques vaisseaux et quelques traces sanguinolentes plutôt que de vouloir tout retirer au risque de gâcher le foie. Veiller à retirer toute partie verdâtre qui aurait été en contact avec la vésicule biliaire.

Peser le foie, peser le sel épicé : 15 g pour 1 kg de foie gras. Dans le cas de 500 g de foie : 7,5 g de sel épicé.

Assaisonner l'intérieur et l'extérieur du foie. Le mouler dans une terrine juste assez grande pour le contenir, presser énergiquement pour éviter les bulles d'air. Emballer soigneusement le foie dans la terrine avec un film étirable, laisser « macérer » au frais. Il faut laisser le temps au sel et aux épices de pénétrer dans toute la masse du foie.

Déballer le foie et la terrine, poser le couvercle. Cuire au four au bain-marie 1 h à 80 °C (th. 2-3) en respectant le temps et la température. Trop vite, trop chaud, le foie cuit mal, la graisse fond. Pas assez chaud, il ne cuit pas et il ne pourra pas se conserver.

Ne pas égoutter la graisse fondue en sortant la terrine du bain-marie. Laisser refroidir tel quel.

Entreposer au réfrigérateur au moins 6 heures avant de servir.

La plus grande précision est nécessaire pour obtenir un assaisonnement qui ne dénature pas la saveur délicate du foie. Dans le meilleur des cas, se servir d'une balance de précision (un pèse-lettre fera bien l'affaire). Sel épicé : mélanger soigneusement 80 g de sel fin, 12 g de quatre-épices, 8 g de sucre fin. Le sel épicé se conserve plusieurs mois dans un récipient fermé hermétiquement.

Faut-il ajouter un alcool, un vin... pour la macération ? Tout est possible : en Alsace, un petit verre de marc de gewurztraminer, quelques gouttes de « fleur de bière », un verre de muscat d'Alsace ou de tokay-pinot gris...

Sauternes ou Gewurztraminer vendanges tardives : deux des plus grands vins grâce aux efforts constants des vignerons, servi de 8 à 10 °C.

Dodine de lapereau

6 à 8 pers.

Préparation : 30 min
Cuisson : 2 h

2 jeunes lapins de ferme
1 bottillon de persil plat
800 g de tomates
6 feuilles de gélatine
1 bouquet garni
2 gousses d'ail hachées
2 oignons émincés
2 bouteilles de pinot auxerrois
Sel, poivre.

Pinot auxerrois : vin blanc des Côtes de Toul, servi de 8 à 10 °C.

Couper les lapins en morceaux, supprimer les têtes. Concasser le persil.

Ébouillanter les tomates, les éplucher, retirer les graines, couper la pulpe en petits dés.

Ranger les morceaux de lapin dans une terrine en couches successives alternées de dés de tomates, de feuilles de gélatine trempées dans de l'eau et essorées, de persil concassé, de bouquet garni, d'ail haché et d'oignons émincés. Saler, poivrer.

Mouiller avec le vin blanc. Couvrir, cuire au four à 180 °C (th. 6).

Vérifier la cuisson du lapin : la chair doit se détacher des os. Éliminer le bouquet garni.

Retirer les morceaux de lapin, supprimer tous les os. Remettre toute la viande dans la terrine avec le jus de cuisson et la garniture. Rectifier l'assaisonnement. Laisser entièrement refroidir. Le fond de cuisson prend en gelée légère.

Servir bien frais « à la cuillère ».

Flan de légumes

6 pers.

Préparation : 30 min
Cuisson : 45 min

250 g de macédoine
100 g de petits pois extrafins
4 œufs
10 cl de lait
20 cl de crème fraîche
1 cuil. à soupe de fécule
20 g de beurre
500 g de carottes
Le jus de 1 citron
1 cuil. à soupe de fines herbes hachées
Sel, poivre, noix de muscade.

Pinot blanc : nommé aussi Klevner, élégant, souple et équilibré, servi de 8 à 10 °C.

Cuire la macédoine de légumes et les petits pois à l'eau bouillante salée, les rafraîchir, les égoutter, les éponger sur un linge.

Casser les œufs, les battre avec le lait et 10 cl de crème, ajouter la fécule, une râpure de muscade, saler, poivrer.

Beurrer soigneusement un moule à cake.

Remplir le moule avec les légumes, verser dessus les œufs battus avec le lait et la crème.

Cuire au four au bain-marie pendant 35 minutes à 210 °C (th. 7).

Laisser refroidir, démouler.

Coulis de carottes : cuire les carottes épluchées dans de l'eau bouillante salée. Les égoutter, les passer au mixeur, détendre la purée obtenue avec un peu du bouillon de cuisson, le jus de citron et le reste de crème. Assaisonner, ajouter les fines herbes, laisser refroidir.

Flan de persil aux escargots au riesling

XX ⌒⌒

6 pers.

Préparation : 30 min
Cuisson : 50 min

1 botte de persil plat
20 cl de lait
4 œufs
20 cl de crème fraîche fluide
50 g de beurre
1 cuil. à soupe d'échalote hachée
20 cl de riesling
3 douzaines d'escargots cuits en conserve
200 g de crème fraîche épaisse
Sel, poivre.

Laver, égoutter le persil, tiges et feuilles ; le faire blanchir 30 secondes dans de l'eau bouillante, le rafraîchir, l'égoutter, le sécher.

Mettre le persil blanchi dans le bol d'un mixeur avec le lait. Broyer à grande vitesse. Récupérer la purée obtenue, la passer au travers d'une passoire fine pour éliminer tous les filaments. Battre les œufs entiers avec la crème, mélanger la purée de persil, assaisonner. Beurrer grassement 6 ramequins en terre vernissée avec 20 g de beurre. Répartir dans les ramequins l'appareil à la purée de persil.

Ranger les ramequins dans un plat creux allant au four, verser de l'eau à mi-hauteur, cuire au four au bain-marie à 180 °C (th. 6).

Dans une sauteuse, faire étuver les échalotes dans le reste de beurre chaud, remuer pour ne pas les laisser colorer. Lorsqu'elles sont translucides, ajouter le riesling, laisser réduire de moitié.

Ajouter les escargots égouttés, laisser chauffer. Mélanger la crème épaisse, porter rapidement à ébullition, assaisonner, tenir au chaud.

Vérifier la cuisson des flans en plantant dedans la pointe d'un petit couteau, qui doit ressortir propre et sèche.

Sortir les ramequins du bain-marie, essuyer l'extérieur. Attendre quelques minutes pour laisser tomber la plus grosse chaleur. Démouler les flans en les retournant sur des assiettes. Disposer 6 escargots autour de chaque, verser la crème au riesling, servir bien chaud.

Riesling : le plus ancien cépage alsacien, servi de 8 à 10 °C.

Escargots à l'alsacienne

X ◎◎

6 pers.

Préparation : 20 min
Cuisson : 5 min

250 g de beurre
6 douzaines d'escargots de
conserve
1/2 l de bouillon de pot-au-
feu bien corsé et froid
1 botte de persil plat
3 gousses d'ail
1 échalote grise
Sel, poivre.

Collioure : s'adapte à la cuisine de ménage qui réclame un vin digeste, servi de 12 à 14 °C.

Ramollir le beurre à la température ambiante.

Nettoyer soigneusement les escargots, retirer les parties qui ne sont pas comestibles, bien les égoutter.

Dans des coquilles parfaitement propres, introduire une cuillère à café de bouillon de pot-au-feu et un escargot par coquille. Ranger les escargots dans des plats à alvéoles pour qu'ils ne basculent pas.

Laver, égoutter, sécher soigneusement le persil. Dégermer les gousses d'ail. Éplucher l'échalote. Hacher finement l'ensemble. Malaxer avec le beurre mou. Saler, poivrer.

Pousser une bonne quantité de beurre dans chaque coquille en veillant à bien recouvrir chaque escargot.

Mettre à four très chaud à 240 °C (th. 8). Servir aussitôt que le beurre est mousseux.

Escargots aux noisettes et au roquefort

X ◎◎◎

6 pers.

Préparation : 20 min
Cuisson : 5 min

200 g de beurre
100 g de roquefort
60 g de noisettes décortiquées
6 douzaines d'escargots de
conserve
2 cuil. à soupe de persil
haché
Sel, poivre.

Rien de mieux qu'un verre de **gewurztraminer,** servi de 10 à 12 °C.

Ramollir le beurre et le roquefort à température ambiante.

Faire griller les noisettes dans une poêle antiadhésive, les laisser refroidir, les concasser finement.

Nettoyer soigneusement les escargots, retirer les parties qui ne sont pas comestibles, bien les égoutter.

Malaxer le beurre mou avec le roquefort, les noisettes et le persil haché. Saler, poivrer.

Déposer les escargots dans les alvéoles des plats. Ajouter une bonne quantité de beurre dans chaque alvéole.

Mettre à four très chaud à 240 °C (th. 8). Servir aussitôt que le beurre est mousseux.

Soufflé au fromage

XX 🥄
6 pers.

Préparation : 20 min
Cuisson : 55 min

70 g de beurre
60 g de farine
50 cl de lait
6 œufs
150 g de gruyère râpé
Sel, poivre, muscade.

Mâcon blanc : son caractère vif et corpulent respecte un soufflé, servi de 11 à 13 °C.

Dans une casserole, faire fondre 60 g de beurre, ajouter la farine, remuer soigneusement et laisser cuire quelques instants pour obtenir un roux blanc. Délayer avec le lait, porter à ébullition en fouettant énergiquement. Saler, poivrer, relever de noix de muscade râpée. En plein feu, ajouter 2 jaunes d'œufs sans cesser de fouetter. Laisser tiédir.

Mélanger dans l'appareil refroidi les jaunes d'œufs restants et le gruyère râpé.

Monter les 6 blancs d'œufs en neige ferme, les incorporer délicatement au mélange précédent.

Beurrer grassement le moule (ou les moules). Remplir aux deux tiers avec l'appareil à soufflé.

Cuire à four moyen à 180 °C (th. 6) pendant 45 minutes.

Servir sans attendre.

Un soufflé n'attend pas. Ce sont les convives qui attendent. Mieux vaut calculer assez précisément l'heure du repas pour que ni l'un ni les autres n'attendent pour se faire manger ou pour manger.

Soufflé de pommes de terre au jambon

XX 🥄
6 pers.

Préparation : 20 min
Cuisson : 45 min

150 g de jambon cuit
500 g de purée de pommes de terre au lait refroidie
6 œufs
80 g de gruyère râpé
10 g de beurre
Sel, poivre, muscade.

Bourgogne blanc : parfait mariage avec les entrées chaudes du terroir, servi à 12 °C.

Couper le jambon en petits dés.

Travailler énergiquement la purée froide avec les jaunes d'œufs, saler, poivrer, relever d'une râpure de muscade.

Mélanger dans l'appareil le gruyère râpé et les dés de jambon.

Monter les 6 blancs d'œufs en neige ferme, les incorporer délicatement au mélange précédent.

Beurrer grassement le moule (ou les moules). Remplir aux deux tiers avec l'appareil à soufflé.

Cuire à four moyen à 180 °C (th. 6) pendant 45 minutes.

Servir sans attendre.

Baeckeoffe des mariniers

XX 🗙🗙 ⬭⬭⬭

6 pers.

Préparation : 30 min
Cuisson : 1 h 30 min

1,500 kg de pommes de terre
2 oignons
1 carotte
1 poireau
5 cl d'huile
1 brindille de thym
2 feuilles de laurier
1 bouteille de riesling sec
1 filet de sandre de 600 g coupé en 6 médaillons
1 filet de saumon de 600 g coupé en 6 médaillons
Sel, poivre.

Riesling : rien d'autre que ce vin qui a servi à la préparation, servi de 8 à 10 °C.

Éplucher, laver, égoutter, émincer les pommes de terre, les oignons, la carotte et le poireau.

Huiler une terrine ovale en terre vernissée de taille adaptée, la remplir aux trois quarts de sa hauteur avec les pommes de terre et les légumes répartis également, saler, poivrer. Ajouter le thym, le laurier et le riesling.

Couvrir la terrine, la mettre au four pendant 1 heure 15 minutes à 210 °C (th. 7).

Sortir la terrine du four, enlever le couvercle, retirer le thym et le laurier. Poser les médaillons de poisson, en alternant sandre et saumon, sur les pommes de terre, saler, poivrer le poisson. Couvrir, remettre la terrine au four. Cuire encore 15 minutes à 210 °C (th. 7) pour que le poisson cuise à la vapeur des pommes de terre. Servir tel quel.

Les variétés de poisson ne sont pas immuables : poissons de mer ou de rivière donneront un excellent baeckeoffe à condition de choisir des espèces de poisson à chair ferme, détaillés en filets, avec peu d'arêtes.

Lapin de garenne au cidre

XX ᴑᴑ

4 pers.

Préparation : 35 min
Cuisson : 50 min

1 lapereau dépouillé, vidé
30 g de beurre
100 g d'oignons
30 g de farine
1/2 bouteille de cidre brut
Thym, laurier
2 pommes fruits
(type boskoop)
200 g de crème fraîche
épaisse
Sel, poivre.

Découper le lapin en 8 morceaux (les 2 cuisses, le râble en deux, la poitrine en deux et les deux épaules). Faire chauffer le beurre dans une sauteuse, y faire dorer les morceaux de lapin. Saler, poivrer, ajouter les oignons hachés, laisser étuver. Saupoudrer avec la farine, remuer.

Ranger les morceaux de lapin dans une terrine ovale en terre vernissée. Mouiller avec le cidre, ajouter une brindille de thym et une feuille de laurier. Couvrir, enfourner à 210 °C (th. 7), laisser mijoter pendant 30 minutes.

Éplucher les pommes, les couper en cubes de 1 cm de côté, les ajouter dans la terrine, verser la crème, mélanger, laisser mijoter encore 15 minutes à couvert.

Vérifier la cuisson, l'onctuosité de la sauce et l'assaisonnement. Servir bien chaud.

Un verre de cidre
brut, servi de 8 à
10 °C.

Estouffade de marcassin au vin blanc d'Alsace

Couper l'épaule de marcassin en cubes réguliers (3 morceaux par portion de 60 g environ chaque).

Faire chauffer la moitié de l'huile dans une sauteuse, y faire rissoler les lardons, les retirer avec une écumoire, les réserver.

Dans la graisse rendue, faire sauter rapidement les champignons. Dès qu'ils ont rendu leur eau, les retirer avec une écumoire, les réserver. Réserver leur eau de végétation.

Dans la même sauteuse, faire chauffer le reste d'huile, y faire rissoler les cubes de marcassin. Les retourner sur toutes leurs faces jusqu'à ce qu'ils soient légèrement roussis. Ajouter les oignons hachés et les gousses d'ail écrasées, saler, poivrer, mélanger, laisser étuver quelques instants.

Verser le vinaigre, remuer, le laisser évaporer. Ajouter le concentré de tomates et la farine, mélanger soigneusement pour laisser légèrement roussir l'ensemble.

Verser toute la préparation dans une terrine ovale en terre vernissée.

Mouiller avec le vin blanc et le « jus » des champignons. Remuer pour délayer la préparation. Ajouter le bouquet garni et le genièvre.

Couvrir, enfourner à 180 °C (th. 6), laisser mijoter pendant 1 heure 30 minutes.

Vérifier la cuisson de la viande, la décanter, la réserver au chaud.

Passer le fond de cuisson à travers une passoire fine – il doit avoir la consistance d'une sauce un peu liée –, rectifier l'assaisonnement.

Remettre la viande avec les lardons et les champignons dans la terrine, verser la sauce dessus, mélanger, remettre en cuisson à four doux, à couvert, pour 30 minutes.

XX ❍❍❍

6 pers.

Préparation : 45 min
Cuisson : 2 h 40 min

1 épaule de marcassin de 2 kg (dépecée, parée) désossée, soit environ 1,200 kg net
8 cl d'huile
150 g de lardons salés
150 g de lardons fumés
300 g de champignons sauvages nettoyés (chanterelles, girolles, pieds-de-mouton... au choix ou en mélange)
2 gros oignons hachés
2 gousses d'ail écrasées
3 cuil. à soupe de vinaigre de vin
1 cuil. à soupe de concentré de tomates
40 g de farine
1 bouteille de vin blanc sec (edelzwicker, sylvaner...)
1 bouquet garni
6 baies de genièvre écrasées
Sel, poivre.

Sylvaner : vin blanc d'Alsace sec, léger et frais, servi de 8 à 10 °C.

Coq mijoté au pinot noir

XX ⊙⊙

6 pers.

Préparation : 20 min
Cuisson : 1 h 30 min

50 g de farine
1 coq fermier P.A.C. de 2 kg coupé en morceaux (chaque aile et chaque cuisse en trois)
50 g de beurre
2 échalotes grises hachées
25 cl de bouillon de volaille (reconstitué à partir de bouillon déshydraté)
1/2 bouteille de pinot noir
1 bouquet garni
250 g de crème fraîche épaisse
300 g de champignons de Paris cuits
Sel, poivre.

Mettre 20 g de farine dans une assiette, y rouler les morceaux de coq.

Faire chauffer 20 g de beurre dans une sauteuse, y faire rissoler les morceaux de coq farinés, saler, poivrer.

Ranger les morceaux de coq rissolés dans une terrine ovale en terre vernissée. Ajouter les échalotes. Verser le bouillon de volaille et le pinot noir, ajouter le bouquet garni, porter à ébullition, couvrir, laisser mijoter au four à 210 °C (th. 7) pendant 1 heure.

Manier le reste de beurre avec celui de farine.

Vérifier la cuisson du coq, retirer les morceaux, les tenir au chaud.

Lier le fond de cuisson avec le beurre manié, mélanger soigneusement, ajouter la crème, rectifier l'assaisonnement. Remettre les morceaux de coq dans la sauce, garnir avec les champignons, servir bien chaud.

Pinot noir : vin d'Alsace délicieusement fruité, agréable également avec le baeckeoffe, servi de 8 à 10 °C.

Chicken pie aux champignons

Faire chauffer 20 g de beurre dans une poêle, y faire rissoler les cuisses de poulet, saler, poivrer, les réserver.

Nettoyer, laver, sécher les champignons, les couper en quartiers, les arroser avec le jus de citron. Ajouter le reste du beurre dans la poêle, y faire sauter les champignons, saler, poivrer, les réserver.

Dans un plat creux rectangulaire allant au four, ranger les cuisses de poulet et les champignons, ajouter l'échalote hachée, le persil et le vin blanc.

Abaisser la pâte brisée en rectangle un peu plus grand que le plat.

Casser l'œuf dans une tasse, le battre en dorure.

Badigeonner le tour du rectangle de pâte avec la dorure. Le poser sur le plat et coller fermement la pâte tout autour en veillant à la faire adhérer soigneusement. Badigeonner la surface de la pâte avec la dorure. Marquer quelques stries avec les dents d'une fourchette. Veiller à ne pas perforer la pâte.

Cuire au four à 180 °C (th. 6) pendant 30 minutes. Sortir quand la pâte est bien dorée. Porter sur table et ouvrir le pie devant les convives.

XX OO

6 pers.

Préparation : 15 min
Cuisson : 45 min

40 g de beurre
6 cuisses de poulet
250 g de champignons de Paris
Le jus de 1/2 citron
1 échalote grise hachée
1 cuil. à soupe de persil haché
2 cuil. à soupe de vin blanc sec
250 g de pâte brisée
1 œuf
Sel, poivre.

Mâcon blanc : vin élégant, vif et nerveux de Bourgogne, servi de 11 à 13 °C.

Fricassée de lapin aux girolles

XX ⌒⌒

6 pers.

Préparation : 30 min
Cuisson : 1 h 30 min

1 beau et jeune lapin de
1,800 kg
400 g de girolles fraîches
1 cuil. à soupe d'huile
50 g de beurre
50 g d'échalote grise hachée
Le jus de 1 citron
250 g de crème fraîche
épaisse
Sel, poivre, muscade râpée.

Couper le lapin en morceaux (ou demander au volailler de le faire), réserver le foie pour un autre usage.

Nettoyer rapidement les girolles, les laver sous un filet d'eau froide en évitant de les laisser tremper. Égoutter soigneusement. Couper les plus grosses en deux ou en quatre.

Faire chauffer l'huile et le beurre dans une sauteuse, y faire revenir les morceaux de lapin. Remuer pour les rôtir régulièrement. Saler, poivrer, muscader. Ajouter l'échalote hachée, remuer, laisser étuver quelques instants.

Verser l'ensemble dans une casserole en terre vernissée. Couvrir, laisser mijoter au four à 180 °C (th. 6) pendant 45 minutes, sans ajouter de liquide.

Ajouter les girolles dans la terrine, mélanger délicatement, saler, couvrir et laisser cuire 10 minutes.

Vérifier la cuisson du lapin, la viande doit être tendre. Sortir délicatement les morceaux de lapin et les champignons avec une écumoire, les réserver au chaud.

Verser le jus de cuisson dans une casserole, le faire bouillir rapidement pour le réduire de moitié. Ajouter le jus de citron et la crème, cuire vivement pour obtenir la consistance d'une sauce, rectifier l'assaisonnement.

Remettre lapin et girolles dans la casserole en terre vernissée avec la sauce.

Faire chauffer l'ensemble, servir sans attendre.

Chinon : vin rouge du val de Loire (avec de l'âge), servi de 16 à 18 °C.

Tripes à la mode au riesling

6 pers.

Préparation : 30 min
Cuisson : 10 h

*1,500 kg de tripes de bœuf
lavées, grattées, blanchies
400 g d'oignons
400 g de carottes
250 g de poireaux
2 gousses d'ail
1 pied de veau fendu en deux
1 bouquet garni
5 cl de marc de
gewurztraminer
2 bouteilles de riesling
3 cuil. à soupe d'huile
250 g de farine
Sel, poivre, quatre-épices.*

Riesling : vin blanc viril au bouquet élégant, servi de 8 à 10 °C.

Couper les tripes en morceaux carrés de 5 cm environ.

Nettoyer les légumes. Émincer grossièrement les oignons et les carottes. Ficeler les poireaux en bottillon. Éplucher les gousses d'ail.

Tapisser le fond d'une terrine en terre vernissée avec les oignons et les carottes. Poser dessus le pied de veau et les tripes. Introduire au centre le bottillon de poireaux, les gousses d'ail et le bouquet garni. Mouiller avec le marc de gewurztraminer et le riesling. Assaisonner de sel, d'une forte pincée de quatre-épices et de poivre fraîchement moulu. Couvrir avec l'huile.

Confectionner une pâte mollette avec la farine et de l'eau. Fermer la terrine et coller (luter) le couvercle avec la pâte. Mettre la terrine au four à 150 °C (th. 5) et l'y laisser une dizaine d'heures.

Casser la pâte pour ôter le couvercle. Retirer les tripes, les dresser dans un récipient de service tenu au chaud, éliminer les os, les légumes et le bouquet garni. Dégraisser le fond de cuisson. Rectifier l'assaisonnement. Verser sur les tripes, servir très chaud.

Parmentier de boudin

6 pers.

Préparation : 30 min
Cuisson : 45 min

*1 kg de pommes de terre
2 oignons
120 g de beurre
2 pommes boskoop
25 cl de lait
600 g de boudin noir
30 g de chapelure
Sel, poivre, muscade.*

Beaujolais : sans problème également avec toute la cochonaille, servi à 10 °C.

Éplucher les pommes de terre, les cuire à l'eau bouillante salée.

Éplucher les oignons, les émincer. Les faire étuver complètement dans 20 g de beurre.

Éplucher les pommes, les émincer, les faire sauter vivement dans 20 g de beurre.

Retirer la peau des boudins, les couper en tranches.

Égoutter les pommes de terre quand elles sont cuites. Les passer au moulin à légumes.

Recueillir la pulpe de pomme de terre dans une casserole, y incorporer le lait et 60 g de beurre. Mélanger vivement, saler, poivrer, ajouter une râpure de muscade.

Beurrer grassement un plat à gratin. Étaler dedans la moitié de la purée de pommes de terre. Poser par-dessus les oignons et les pommes en couche régulière. Ranger dessus les tranches de boudin, recouvrir avec le reste de purée. Saupoudrer avec la chapelure. Répartir le reste de beurre en parcelles. Glisser au four préchauffé à 210 °C (th. 7) pendant 15 minutes.

Baeckeoffe aux trois viandes

XX ⊚⊚⊚

8 pers.

Préparation : 30 min
Cuisson : 4 h
Marinade : 6 à 8 h

Pour la marinade :
500 g d'épaule de porc sans os
500 g d'épaule d'agneau sans os
500 g de paleron de bœuf sans os
1 pied de cochon fendu en deux
1 queue de cochon
2 carottes
2 oignons
2 gousses d'ail
1 cuil. à café de poivre noir en grains
2 feuilles de laurier
1 brindille de thym
2 bouteilles de vin blanc d'Alsace (sylvaner, edelzwicker, pinot blanc…).

Pour la cuisson :
2 kg de pommes de terre
2 oignons
1 poireau
5 cl d'huile
500 g de farine
Sel, poivre.

Pinot noir : vin d'Alsace, délicieusement fruité, servi de 8 à 10 °C.

La veille, couper les viandes en morceaux réguliers d'environ 50 g chaque.

Éplucher les légumes, les émincer. Réunir dans une terrine les viandes, les légumes, le poivre, le laurier et le thym, arroser avec le vin blanc. Couvrir, laisser mariner au frais jusqu'au lendemain.

Éplucher, laver, égoutter, émincer les pommes de terre, les oignons et le poireau.

Égoutter les viandes et les légumes, réserver le vin.

Huiler une terrine ovale en terre vernissée de taille adaptée, recouvrir le fond d'une couche de pommes de terre avec un peu de poireau et des oignons, répartir également les légumes de la marinade, saler, poivrer.

Poser par-dessus les morceaux de viande, la queue de cochon et le pied. Recouvrir avec le reste des légumes et les pommes de terre, saler, poivrer. Ajouter le thym et le laurier. Verser le vin de la marinade. Poser le couvercle.

Préparer une pâte molette avec la farine et 20 cl d'eau. Étaler la pâte en une bande assez longue et large pour fermer le couvercle et le souder hermétiquement.

Mettre la terrine au four pendant 1 heure à 210 °C (th. 7), poursuivre la cuisson au four à 150 °C (th. 5) pendant 3 heures.

Porter la terrine directement sur la table en ayant soin de casser la croûte de pâte pour ouvrir le couvercle.

Traditionnellement, les jours de lessive, la ménagère ne peut pas cuisiner : elle ne peut pas faire bouillir le linge en même temps que le repas ; en plus, elle n'en a pas le temps.

La terrine, préparée à l'avance, est portée chez le boulanger, qui la fait cuire dans son four après avoir sorti la dernière fournée de pain du matin. La potée cuit toute seule, d'abord vivement à la température soutenue, puis continue à mijoter en profitant du refroidissement progressif du four. Et, à midi, il suffit de passer chez le boulanger pour récupérer son déjeuner.

Par tradition, on lave son linge en même temps ! les ménagères du village préparent leur terrine, le boulanger les cuit ; dans tous les foyers, le menu est le même !

Carbonade de bœuf aux oignons

X ◎◎

6 pers.

Préparation : 30 min
Cuisson : 3 h 30 min

1 kg de viande de bœuf
(paleron, macreuse)
500 g d'oignons
50 g de beurre
2 cuil. à soupe d'huile
1 cuil. à soupe de sucre en
poudre
2 cuil. à soupe de vinaigre de
vin
30 g de farine
50 cl de bière blonde
50 cl de fond blanc ou de
bouillon de pot-au-feu (re-
constitué à partir de bouillon
déshydraté)
1 bouquet garni
Sel, poivre.

Pour luter la cocotte :
250 g de farine
1 œuf.

Détailler la viande en petits biftecks peu épais de 50 g chacun. Éplucher, émincer les oignons.

Faire chauffer le beurre et 1 cuillerée d'huile dans une sauteuse, y faire saisir les biftecks au fur et à mesure, saler, poivrer, les retourner, les retirer sur une assiette.

Dans la même graisse, faire étuver les oignons, les laisser légèrement colorer, saupoudrer de sucre, remuer constamment pour faire caraméliser, déglacer avec le vinaigre. Retirer les oignons sur une seconde assiette.

Verser la seconde cuillerée d'huile dans la même sauteuse, faire chauffer, ajouter la farine, remuer et cuire ce roux. Mouiller avec la bière et le bouillon, délayer soigneusement, ajouter le bouquet garni et cuire à petit feu pendant 15 minutes, saler, poivrer.

Dans une terrine ovale en terre vernissée de 33 cm, ranger les biftecks et les oignons par couches alternées, ajouter le bouquet garni, verser la sauce par-dessus.

Préparer une pâte mollette avec la farine et 15 cl d'eau.

Poser le couvercle sur la terrine. Étaler la pâte en un ruban large de 10 cm assez long pour faire le tour du couvercle. Casser l'œuf, le battre en dorure. Badigeonner le ruban de pâte avec la dorure, le faire adhérer tout autour de la terrine pour souder hermétiquement le couvercle.

Mettre au four à 150 °C (th. 5) et laisser mijoter pendant 3 heures.

Casser le ruban de pâte pour ouvrir la terrine, sur la table. La sauce doit être assez courte et liée, il suffit de retirer le bouquet garni.

Attention aux assaisonnements : le fond blanc, le bouillon de pot-au-feu sont déjà salés, et la longue cuisson va concentrer les saveurs en même temps que le sel.

Le lut – pâte servant de « mastic » pour coller le couvercle – doit être préparé à l'avance pour reposer et perdre son élasticité.

Côtes-du-rhône : vin rouge fruité et gouleyant, servi à 15 °C.

Bœuf miroton

XX ᴏᴏ

6 pers.

Préparation : 30 min
Cuisson : 1 h

500 g de gros oignons
3 gousses d'ail
60 g de beurre
2 cuil. à soupe de vinaigre de
vin
30 g de farine
300 g de tomates
50 cl de fond blanc ou de
bouillon de pot-au-feu (re-
constitué à partir de bouillon
déshydraté)
800 g de viande de pot-au-
feu cuite
2 cuil. à soupe de chapelure
blonde
Sel, poivre.

Saint-Joseph : vin rouge charnu qui s'accommode également avec les viandes rouges, servi à 14 °C.

Éplucher, émincer finement les oignons. Éplucher, hacher l'ail.

Faire chauffer 50 g de beurre dans une grande casserole, y faire revenir les oignons jusqu'à ce qu'ils prennent une légère coloration blonde. Déglacer avec le vinaigre, laisser réduire à sec. Ajouter l'ail, mélanger, saupoudrer avec la farine, cuire sans cesser de remuer pendant 4 minutes.

Ébouillanter les tomates pour les peler. Supprimer les graines. Concasser la pulpe, l'ajouter dans la casserole.

Mouiller avec le bouillon, délayer, mijoter à feu doux pendant 30 minutes en remuant régulièrement, saler, poivrer.

Couper la viande en tranches épaisses de 2 à 3 mm.

Beurrer un plat en terre vernissée profond allant au four, verser au fond une louche de sauce, ranger par-dessus une couche de tranches de viande, puis de la sauce, de la viande, terminer par de la sauce.

Saupoudrer de chapelure. Mettre au four à 210 °C (th. 7) pour mitonner et gratiner. Servir ainsi.

Parmentier de queue de bœuf

XX ᴏᴏ

6 pers.

Préparation : 30 min
Cuisson : 45 min

1 kg de pommes de terre
2 oignons
120 g de beurre
600 g de chair de queue de
bœuf désossée, cuite en pot-
au-feu
25 cl de lait
30 g de chapelure
Sel, poivre, muscade.

Beaujolais : sans problème avec les plats copieux de l'hiver, servi à 10 °C.

Éplucher les pommes de terre, les cuire à l'eau bouillante salée.

Éplucher les oignons, les émincer. Les faire étuver complètement dans 20 g de beurre.

Effilocher la viande de queue de bœuf.

Égoutter les pommes de terre quand elles sont cuites. Les passer au moulin à légumes.

Recueillir la pulpe de pomme de terre dans une casserole, y incorporer le lait et 60 g de beurre. Mélanger vivement, saler, poivrer, ajouter une râpure de muscade.

Beurrer grassement un plat à gratin. Étaler dedans la moitié de la purée de pommes de terre. Poser par-dessus les oignons et la viande de queue de bœuf. Recouvrir avec le reste de purée. Saupoudrer avec la chapelure. Répartir le reste du beurre en parcelles. Glisser au four préchauffé à 210 °C (th. 7) pendant 15 minutes pour gratiner l'ensemble.

Joues de bœuf mijotées au vin rouge d'Ottrott

XX ∞∞

6 pers.

Préparation : 45 min
Cuisson : 3 h
Marinade : 6 h

2 bouteilles de bon vin rouge d'Ottrott
100 g de miel toutes fleurs
1 cuil. à soupe de moutarde forte
10 grains de poivre noir écrasés
2 clous de girofle
5 baies de genièvre
1 feuille de laurier
1 brindille de thym
2 oignons
2 carottes
1 blanc de poireau
1 branche de céleri
3 gousses d'ail
1 kg de joues de bœuf parées
10 cl d'huile
2 échalotes grises émincées
50 g de farine
1 bouquet garni
250 g de poitrine de porc salée
40 g de beurre
250 g de champignons de Paris
Sel, poivre.

Rouge d'Ottrott :
vin rouge d'Alsace, élégant et délicieusement fruité, servi à 10 °C.

Dans une casserole inoxydable, réunir le vin, le miel, la moutarde, le poivre, les clous de girofle, le genièvre, le laurier et le thym. Porter à ébullition, laisser frémir 10 minutes, couvrir, laisser entièrement refroidir.

Couper tous les légumes de la garniture en petits morceaux. En mettre la moitié dans une terrine, poser dessus les joues de bœuf, recouvrir avec le reste des légumes.

Filtrer le vin épicé froid, le verser sur les joues de bœuf et les légumes. Verser 5 cl d'huile. Couvrir, laisser mariner au frais jusqu'au lendemain.

Égoutter les joues, filtrer la marinade, réserver les légumes.

Faire chauffer le reste de l'huile dans une sauteuse, y faire revenir les joues en les colorant fortement. Les retirer.

Faire revenir les échalotes dans la sauteuse, remuer, jeter la farine par-dessus, mélanger, laisser roussir quelques instants. Verser la marinade petit à petit sans cesser de délayer pour éviter les grumeaux, porter à ébullition.

Ranger les joues de bœuf et les légumes de la marinade dans une terrine en terre vernissée, verser la sauce par-dessus, ajouter le bouquet garni, assaisonner, couvrir, enfourner à 180 °C (th. 6).

Laisser mijoter doucement pendant 2 heures 30 minutes.

Couper le lard salé en lardons, les faire blanchir, les égoutter. Chauffer 20 g de beurre dans une poêle, y faire rissoler les lardons, les réserver.

Nettoyer, laver, sécher les champignons, les couper en quartiers. Chauffer le reste du beurre dans la poêle, y faire sauter les champignons, saler, poivrer.

Vérifier la cuisson des joues, les retirer quand elles sont tendres, les tenir au chaud.

Passer le fond de cuisson à la passoire fine en pressant fortement pour recueillir tout le liquide. Le faire bouillir et réduire, rectifier l'assaisonnement.

Couper les joues de bœuf en tranches, les disposer dans la terrine, ajouter les champignons et les lardons, verser la sauce par-dessus, servir bien chaud.

Épaule de veau farcie en terrine

XX ⊚⊚

6 pers.

Préparation : 40 min
Cuisson : 2 h 30 min

Farce :
3 échalotes grises hachées
100 g de pain trempé
dans 10 cl de lait
2 cuil. à soupe de sauge
hachée
150 g de chair à saucisse
150 g de jambon cru haché
1 gousse d'ail dégermée
hachée
2 cuil. à soupe de persil
haché
Sel, poivre.

1,200 kg d'épaule de veau
désossée et aplatie
5 cl d'huile
1 oignon
3 côtes de céleri
50 g de beurre
15 cl de vin blanc sec
500 g de tomates
1 kg de carottes
300 g de champignons de
Paris
Sel, poivre.

Réunir tous les éléments de la farce, travailler énergiquement pour obtenir une masse compacte.

Étaler l'épaule de veau sur la table, saler, poivrer. Disposer la farce au centre en forme de gros boudin. Rouler l'épaule, la maintenir en forme en la ficelant.

Faire chauffer l'huile dans une sauteuse, y faire colorer la viande en la retournant régulièrement. La retirer quand elle est bien dorée.

Émincer l'oignon et les côtes de céleri.

Jeter l'huile, essuyer la sauteuse, y faire chauffer le beurre. Étuver les oignons en remuant pour ne pas les laisser colorer, ajouter le céleri, mélanger, laisser étuver quelques minutes. Verser les légumes étuvés avec la matière grasse dans une terrine ovale en terre vernissée. Poser l'épaule par-dessus, saler,

poivrer, mouiller avec le vin blanc, couvrir. Laisser mijoter doucement pendant 1 heure 30 minutes. Retourner l'épaule à deux ou trois reprises. Si nécessaire, ajouter un peu d'eau pour compléter le mouillement en cours de cuisson.

Ébouillanter les tomates pour les peler, retirer les graines, couper la pulpe en dés.

Éplucher les carottes, nettoyer les champignons. Couper les carottes en tronçons de 2 cm. Couper les champignons en quartiers.

Ajouter la chair de tomate et les carottes dans la terrine, couvrir, laisser mijoter 30 minutes.

Ajouter les champignons, mélanger, saler, poivrer. Laisser mijoter encore 15 minutes.

Sortir l'épaule, la déficeler, la couper en tranches, poser les tranches sur les légumes, servir bien chaud.

Saint-émilion : vin rouge à boire jeune avec ce plat, servi de 16 à 18 °C.

Poitrine de veau farcie à la bonne femme

Réunir tous les éléments de la farce, travailler énergiquement pour obtenir une masse compacte.

Poser la poitrine de veau sur la table, saler, poivrer l'intérieur et l'extérieur. Introduire la farce à l'intérieur. Maintenir la poitrine en forme en la ficelant.

Faire chauffer l'huile dans une sauteuse, y faire colorer la viande en la retournant régulièrement. La retirer quand elle est bien dorée.

Émincer l'oignon, le céleri, l'ail et les carottes, les faire revenir dans la sauteuse, ajouter le concentré de tomates, saler, poivrer, mouiller avec le vin blanc. Laisser réduire rapidement le vin de moitié. Verser le bouillon, amener rapidement à ébullition.

Poser la poitrine dans une terrine ovale en terre vernissée, verser le contenu de la sauteuse par-dessus, ajouter le bouquet garni, faire partir en cuisson, couvrir et laisser mijoter pendant 3 heures 30 minutes. Retourner la poitrine à deux ou trois reprises. Si nécessaire, ajouter un peu d'eau pour compléter le mouillement en cours de cuisson.

Couper le lard en lardons, éplucher les petits oignons, nettoyer les champignons. Couper les champignons en quartiers.

Faire chauffer le beurre dans une grande poêle, y faire rissoler d'abord les lardons, ajouter les petits oignons, les colorer, puis les champignons, mélanger, saler, poivrer. Laisser mijoter 5 minutes.

Sortir la poitrine, la déficeler, la tenir au chaud.

Passer le fond de cuisson à travers une passoire fine en pressant pour recueillir tout le liquide. Rectifier l'assaisonnement de la sauce, la remettre dans la terrine, ajouter la garniture de lardons, petits oignons, champignons, réchauffer pendant 5 minutes.

Couper la poitrine en tranches, poser les tranches dans la terrine, sur la garniture, et servir bien chaud.

XX ◎◎

6 pers.

Préparation : 30 min
Cuisson : 4 h

Farce :
3 échalotes grises hachées
100 g de pain trempé
dans 10 cl de lait
150 g de chair à saucisse
150 g de jambon haché
1 œuf
1 gousse d'ail dégermée
hachée
2 cuil. à soupe de persil
haché
Sel, poivre.

800 g de poitrine de veau
désossée et ouverte par le
milieu (demander au boucher
de le faire)
5 cl d'huile
1 oignon
1 côte de céleri
2 gousses d'ail
3 carottes
2 cuil. à soupe de concentré
de tomates
15 cl de vin blanc sec
50 cl de bouillon (confec-
tionné à partir de bouillon
déshydraté)
1 bouquet garni
150 g de lard fumé
12 petits oignons blancs
300 g de champignons de
Paris
30 g de beurre
Sel, poivre.

 Bordeaux : vin rouge équilibré, tonique et légèrement fruité, servi de 16 à 18 °C.

55

Jarret de veau en cocotte maraîchère

XX GG

6 pers.

Préparation : 30 min
Cuisson : 3 h 30 min

2 cuil. à soupe d'huile
1 jarret de veau de 1,800 kg
2 gousses d'ail
2 cuil. à soupe de concentré
de tomates
10 cl de vin blanc sec
25 cl de fond blanc de veau
ou de bouillon de pot-au-feu
1 bouquet garni
600 g de choux de Bruxelles
400 g de carottes
400 g de navets violets
2 cuil. à soupe de persil
haché
Sel, poivre.

Faire chauffer l'huile dans une sauteuse, y faire dorer le jarret en le tournant pour le colorer sur tous les côtés.

Déposer le jarret dans une terrine ovale en terre vernissée. Ajouter les gousses d'ail écrasées et le concentré de tomates, remuer, mouiller avec le vin blanc et le bouillon, ajouter le bouquet garni, saler, poivrer. Couvrir, laisser mijoter à four doux, à 150 °C (th. 5), pendant 3 heures.

Nettoyer, éplucher les choux de Bruxelles, les carottes et les navets. Couper les carottes en tronçons réguliers et les navets en quartiers.

Blanchir fortement et séparément les légumes, les carottes pendant 6 minutes, les navets, 4 minu-

tes et les choux de Bruxelles, 12 minutes.

Retirer le bouquet garni, vérifier la cuisson de la viande, elle doit être tendre et moelleuse. Rectifier l'assaisonnement si nécessaire.

Ajouter les légumes blanchis égouttés. Couvrir et laisser mijoter encore 30 minutes. Saupoudrer de persil haché au moment de servir.

Pomerol : un des plus petits vignobles du Bordelais, servi de 16 à 18 °C.

Baeckeoffe des marcaires ou « munstertiflette »

XX ⊘⊘

6 pers.

Préparation : 30 min
Cuisson : 1 h 30 min

1,500 kg de pommes de terre
2 oignons
1 carotte
1 poireau
400 g de lard fumé coupé en
5 cl d'huile
petits lardons
1 brindille de thym
2 feuilles de laurier
1 bouteille de vin blanc sec
50 cl de bouillon de volaille
(reconstitué à partir de bouillon déshydraté)
1 gros munster fermier de 800 g pas trop fait
Sel, poivre.

Éplucher, laver, égoutter, émincer les pommes de terre, les oignons, la carotte et le poireau.

Faire chauffer une poêle anti-adhésive, y faire rissoler vivement les lardons, les réserver.

Huiler une terrine ovale en terre vernissée de taille adaptée, recouvrir le fond d'une couche de pommes de terre avec un peu de poireau, de carotte et des oignons, répartir également les lardons, saler, poivrer. Recouvrir avec le reste des légumes et les pommes de terre, saler, poivrer. Ajouter le thym et le laurier. Verser le vin et le bouillon de volaille.

Couvrir la terrine, la mettre au four pendant 1 heure à 210 °C (th. 7).

Gratter le munster pour retirer le plus gros de la croûte. Diviser le fromage horizontalement en deux.

Sortir la terrine du four, enlever le couvercle, retirer le thym et le laurier. Poser les deux demi-munsters sur les pommes de terre en s'arrangeant pour recouvrir toute la préparation. Remettre la terrine au four, sans le couvercle. Cuire encore 30 minutes à 210 °C (th. 7) pour que le fromage fonde, s'insinue dans les pommes de terre, forme une crème avec le liquide de cuisson et gratine sur le dessus. Servir tel quel.

Attention au choix du fromage : trop fait, son odeur forte s'épandra dans toute la maisonnée et, bien que le munster parfois fort au nez reste toujours doux en bouche, les effluves pourraient indisposer certains convives.

Gewurztraminer : rien de mieux avec le munster, servi de 10 à 12 °C.

Joues de porc braisées à la bière brune

XX ⊙⊙

6 pers.

Préparation : 30 min
Cuisson : 2 h 30 min

2 oignons
3 gousses d'ail
2 carottes
5 cl d'huile
50 g de farine
1,200 kg de joues de porc parées
1 l de bière brune
1 bouquet garni
250 g de poitrine de porc salée
60 g de beurre
250 g de petites échalotes grises
250 g de champignons de Paris
Sucre, sel, poivre.

Couper tous les légumes de la garniture en petits morceaux.

Faire chauffer l'huile dans une sauteuse, y faire revenir les joues en les colorant fortement. Les retirer.

Faire revenir les légumes aromatiques dans la sauteuse, remuer, jeter la farine par-dessus, mélanger soigneusement, laisser roussir quelques instants. Verser la bière brune petit à petit sans cesser de délayer soigneusement pour éviter les grumeaux, porter à ébullition.

Déposer les joues de porc dans une terrine ovale en terre vernissée, verser dessus la sauce à la bière, ajouter le bouquet garni, assaisonner, couvrir.

Laisser mijoter doucement pendant 2 heures.

Couper le lard salé en lardons, les faire blanchir, les égoutter. Faire chauffer 20 g de beurre dans une poêle, y faire rissoler les lardons, les réserver.

Éplucher les échalotes, les faire rissoler avec 20 g de beurre chaud dans une sauteuse assez grande pour les contenir en une seule couche, ajouter une bonne pincée de sucre, saler, poivrer, couvrir d'eau juste à hauteur. Cuire vivement jusqu'à évaporation totale du liquide.

Nettoyer, laver, sécher les champignons, les couper en quartiers. Faire chauffer le reste du beurre dans la poêle, y faire sauter les champignons, saler, poivrer.

Vérifier la cuisson des joues, les retirer quand elles sont tendres, les tenir au chaud.

Passer le fond de cuisson à la passoire fine en pressant fortement pour recueillir tout le liquide. Le faire bouillir et réduire, rectifier l'assaisonnement.

Couper les joues de porc en tranches, les disposer dans la terrine, ajouter les champignons, les échalotes et les lardons, verser la sauce par-dessus, donner un bouillon, servir bien chaud.

Pourquoi ne pas déguster un verre de **bière brune** bien fraîche ?

Épaule d'agneau boulangère aux noix

XX GG

6 pers.

Préparation : 30 min
Cuisson : 2 h

1 épaule d'agneau désossée roulée de 1,200 kg à 1,500 kg
200 g de cerneaux de noix
2 cuil. à soupe de moutarde forte
2 cuil. à soupe d'huile
50 g de beurre
400 g d'oignons
2 gousses d'ail
1,5 l de bouillon de bœuf (ou de volaille, reconstitué à partir de bouillon déshydraté)
1,500 kg de pommes de terre
Thym, laurier
Sel, poivre.

Pratiquer quelques incisions dans l'épaule, y introduire quelques morceaux de noix. Badigeonner toute l'épaule avec la moutarde, saler, poivrer.

Faire chauffer l'huile et 20 g de beurre dans une poêle, y faire dorer l'épaule en la retournant pour la colorer sur toutes ses faces, la retirer, la déposer dans une terrine ovale en terre vernissée.

Éplucher, émincer les oignons et les gousses d'ail.

Ajouter le reste de beurre dans la poêle, y faire revenir les oignons et l'ail, remuer pour qu'ils ne colorent pas. Quand ils sont fondus et « transparents », les réserver.

Mettre la terrine au four à 210 °C (th. 7), ajouter 1 verre de bouillon, faire partir en cuisson, poser le couvercle, laisser cuire doucement pendant 40 mi-

nutes. Retourner deux fois et, si nécessaire, ajouter un peu de bouillon.

Éplucher, laver les pommes de terre, les égoutter, les couper en tranches minces et régulières.

Ajouter les oignons étuvés avec l'ail et les pommes de terre dans la cocotte, mettre 1 brindille de thym et 1 feuille de laurier, saler, poivrer (attention, le bouillon l'est déjà !), mouiller avec le reste de bouillon. Fermer la cocotte, laisser cuire doucement pendant 1 heure.

Concasser le reste de noix, l'ajouter dans la marmite, mélanger doucement, laisser mijoter encore 5 minutes.

Retirer l'épaule, la déficeler, la trancher, poser les tranches sur les pommes de terre aux oignons, servir sans attendre.

Pauillac : pas d'égal avec la viande d'agneau, servi de 16 à 18 °C.

Potée d'agneau aux poireaux

Éplucher, laver tous les légumes. Émincer les oignons ; supprimer une partie du vert des poireaux, le réserver pour un autre usage, émincer le blanc, émincer également les carottes.

Couper les pommes de terre en dés.

Dans une terrine ovale en terre vernissée, disposer au fond une couche d'oignons, de poireaux, de pommes de terre, quelques carottes, saler, poivrer, ranger une partie des cubes de viande, recouvrir de légumes, à nouveau de la viande, finir avec des légumes, saler, poivrer, introduire le bouquet garni.

Mouiller à hauteur avec de l'eau froide. Porter à ébullition, couvrir, laisser frémir à four modéré, à 180 °C (th. 6), pendant 2 heures.

Servir accompagné de Worcestershire sauce et de chou rouge en salade.

6 pers.

Préparation : 45 min
Cuisson : 2 h

1 kg d'oignons
1 kg de poireaux
300 g de carottes
1,500 kg de pommes de terre
1,200 kg d'épaule d'agneau dégraissée, désossée, coupée en morceaux réguliers de 80 g chacun
1 bouquet garni
Sel, poivre.

Médoc : vin rouge du Bordelais, floral et fruité, servi de 16 à 18 °C.

Ragoût de mouton aux pruneaux

XX ⊜⊜

6 pers.

Préparation : 20 min
Cuisson : 1 h 30 min
Trempage : 20 min

1,600 kg de viande de mouton (échine ou épaule) partiellement désossée et dégraissée
500 g d'oignons
100 g de beurre
1/2 cuil. à café de safran
1 cuil. à café de cannelle en poudre
300 g de pruneaux dénoyautés
1 cuil. à soupe de graines de sésame
5 cl d'huile d'olive
150 g d'amandes émondées
100 g de miel épais
Sel, poivre.

Couper la viande en cubes réguliers d'environ 70 g chacun. Hacher les oignons finement.

Mettre les morceaux de mouton dans une terrine ovale en terre vernissée, ajouter les oignons et le beurre. Assaisonner de sel, de poivre, du safran et de la moitié de la cannelle, mélanger. Mouiller à hauteur de la viande avec de l'eau froide, faire partir l'ébullition, couvrir, cuire à four doux, à 180 °C (th. 6), pendant 1 heure.

Faire tremper les pruneaux à l'eau tiède.

Faire chauffer une poêle anti-adhésive, y faire griller les graines de sésame, les réserver.

Mettre l'huile dans la poêle chaude, y frire les amandes en remuant fréquemment, réserver.

Lorsque la viande est cuite, la sortir de la terrine avec une écumoire, la tenir au chaud.

Dans le jus de cuisson, ajouter les pruneaux égouttés, laisser mijoter 20 minutes. Ajouter le miel, le reste de cannelle, laisser réduire jusqu'à ce que la sauce devienne sirupeuse. Rectifier l'assaisonnement.

Remettre la viande dans la terrine, mélanger, saupoudrer des graines de sésame grillées, décorer avec les amandes frites, couvrir, servir.

Ce ragoût s'apparente à un tajine. Traditionnellement, les tajines cuisent dans des plats spéciaux, en terre vernissée, composés d'une base ronde et creuse et d'un couvercle conique, l'ensemble posé sur un brasero incandescent. La pratique actuelle consiste à faire mijoter les ragoûts dans des terrines ou dans des cocottes et seulement de dresser les préparations cuites, au moment de les servir, dans le plat à tajine posé sur la table, devant les convives.

Hermitage : belle harmonie avec ce vin rouge des côtes-du-rhône, servi de 16 à 18 °C.

Mitonnée de poireaux aux pommes de terre

6 pers.

Préparation : 20 min
Cuisson : 1 h 30 min

2 kg de poireaux
1 kg de pommes de terre
5 cl d'huile
1 gousse d'ail écrasée
1/2 cuil. à café de fleur de
thym
Sel, poivre.

Premières-côtes-de-bordeaux : vin rouge fin et bien charpenté, servi de 16 à 18 °C.

Nettoyer les poireaux, les laver, ne conserver que la partie la plus claire. Réserver les feuilles vertes pour un autre usage. Couper les blancs de poireau en petits tronçons réguliers, les égoutter soigneusement.

Éplucher, laver, égoutter les pommes de terre, les couper en cubes réguliers d'environ 2 cm de côté.

Faire chauffer l'huile dans une terrine ovale en terre vernissée, y faire revenir rapidement les blancs de poireau, ajouter les pommes de terre, l'ail, le thym, saler, poivrer. Poser le couvercle, enfourner à 180 °C (th. 6), laisser mijoter doucement. Servir bien chaud.

Cannellonis au géromé

6 pers.

Préparation : 20 min
Cuisson : 40 min

300 g de cannellonis à cuire
3 galets d'épinards surgelés
30 g de beurre
1 boîte 1/4 de champignons de Paris « hôtel » (pieds et morceaux) au naturel
300 g de géromé pas trop affiné
50 g de persil plat haché
1 l de sauce tomate
Sel, poivre.

Bourgogne : vin rouge souple et légèrement tannique, servi de 14 à 15 °C.

Cuire les cannellonis dans une grande quantité d'eau bouillante salée, les retirer au fur et à mesure à l'aide d'une écumoire, les plonger dans de l'eau froide pour arrêter la cuisson, les égoutter, les éponger sur un linge.

Laisser dégeler et cuire les épinards dans 20 g de beurre, saler, poivrer.

Égoutter les champignons, les hacher grossièrement.

Gratter la croûte du géromé.

Dans un saladier, écraser le fromage à l'aide d'une fourchette, y mélanger les épinards cuits, le persil haché et les champignons, assaisonner.

Répartir le mélange sur les cannellonis, les rouler.

Beurrer un plat à gratin rectangulaire, et verser la moitié de la sauce tomate. Ranger les cannellonis en les serrant légèrement. Verser le reste de sauce tomate par-dessus.

Mettre au four à 210 °C (th. 7) pendant 25 minutes. Servir très chaud.

Étoile de Noël

XX ⊚⊚

8 à 10 pers.

Préparation : 25 min
Cuisson : 45 min
Repos : 3 h
Trempage : 20 min

*100 g de raisins secs
(smyrnes ou sultanines)
500 g de farine
2 œufs
10 cl de lait
80 g de sucre en poudre
1 paquet de sucre vanillé
25 g de levure de boulanger
Le zeste râpé de 1 citron
Une pincée de cannelle
275 g de beurre
5 cl d'eau-de-vie d'Alsace
(kirsch ou quetsche ou marc
de gewurztraminer)
50 g d'écorce de citron
confite
50 g d'écorce d'orange
confite
200 g d'amandes hachées
Sucre glace
5 g de sel (1/2 cuillère à
café).*

Mettre les raisins à tremper dans de l'eau tiède. Les laisser gonfler.

À température ambiante, verser la farine en fontaine dans une grande terrine. Y ajouter les œufs, le lait légèrement tiède, les sucres, la levure, le sel, le zeste de citron, la cannelle. Travailler vigoureusement l'ensemble, ajouter 250 g de beurre en parcelles, pétrir énergiquement avec les mains pour obtenir une pâte souple et homogène.

Égoutter les raisins, les macérer avec l'eau-de-vie.

Couper les écorces de citron et d'orange en très petits dés.

Incorporer les amandes, les raisins et les écorces d'orange et de citron dans la pâte, pétrir énergiquement. Couvrir d'un linge, laisser lever durant 2 heures dans un endroit tiède.

Beurrer soigneusement le moule.

Rompre la pâte, la façonner en forme d'étoile, l'introduire dans le moule en pressant bien pour qu'elle épouse correcte-ment la forme. Recouvrir du linge, laisser lever encore 1 heure.

Cuire au four à 180 °C (th. 6), protéger avec une feuille d'aluminium si le dessus colore trop rapidement.

Démouler sur une grille, saupoudrer généreusement de sucre glace.

Comme son nom l'indique, la forme de ce gâteau est traditionnelle de la période de Noël.

Avec la même pâte ou avec de la pâte à kougelhopf, on confectionne des gâteaux dans des moules qui symbolisent selon leur forme différents moments de l'année souvent liturgique :

– poissons, crustacés (écrevisses) au Nouvel An et à Pâques ;

– fleur de lys le jour des rois ;

– agneau, lièvre à Pâques ;

– lune à la Saint-Nicolas ;

– poupon emmailloté à Noël ;

– cœur dans les mariages, les fêtes de famille.

Tokay vendanges tardives : vin blanc puissant et moelleux, agréable également à l'apéritif, servi de 8 à 10 °C.

Kougelhopf

XX ∞∞

Pour 1 moule de 26 cm
de diamètre

Préparation : 45 min
Cuisson : 45 min
Repos : 3 h 30 min
Trempage : 20 min

*80 g de raisins secs
(smyrnes ou sultanines)
10 cl de lait
25 g de levure de boulanger
100 g de sucre en poudre
500 g de farine
3 œufs
175 g de beurre
5 cl d'eau-de-vie d'Alsace
(kirsch ou quetsche ou marc
de gewurztraminer)
20 à 22 amandes (autant que
le nombre de cannelures à
l'intérieur du moule)
Sucre glace
5 g de sel (1/2 cuillère à
café).*

Mettre les raisins à tremper dans de l'eau tiède. Les laisser gonfler.

Faire à peine tiédir le lait (pas plus de 35 °C), verser dans une grande terrine, y dissoudre la levure. Ajouter par-dessus, sans mélanger, le sucre puis la farine et le sel. Laisser ainsi dans un endroit tiède pendant 1 heure.

Quand la farine commence à craqueler, signe que dessous la levure « travaille », ajouter les œufs et travailler la pâte vigoureusement en la soulevant avec les mains pour la rendre souple et élastique. Incorporer, toujours vigoureusement, 150 g de beurre mou. Battre l'ensemble une bonne dizaine de minutes jusqu'à ce que la pâte se décolle parfaitement de la terrine et des mains. (En utilisant un robot électromécanique, le travail est plus aisé.)

Couvrir la terrine avec un torchon propre. Laisser lever la pâte pendant 1 heure.

Égoutter les raisins, les macérer avec l'eau-de-vie.

Rompre la pâte, c'est-à-dire la travailler vigoureusement pour la faire retomber. Incorporer les raisins et l'alcool. Couvrir à nouveau, laisser lever encore 1 heure.

Beurrer grassement l'intérieur du moule. Déposer une amande au fond de chaque cannelure.

Rompre la pâte à nouveau, la façonner en boule puis en couronne. Introduire cette couronne dans le moule en appuyant fermement pour qu'elle épouse correctement la forme.

Couvrir encore avec le torchon et laisser lever jusqu'à ce que la pâte arrive au haut du moule.

Enfourner à 180 °C (th. 6) pour 45 minutes. Si le dessus colore trop rapidement, couvrir d'une feuille d'aluminium.

Démouler sur une grille, saupoudrer généreusement de sucre glace.

Crémant d'Alsace :
finement fruité ce vin
blanc mousseux,
servi de 6 à 8 °C.

Lammala – agneau pascal

XX

4 pers.

Préparation : 20 min
Cuisson : 40 min

3 œufs
125 g de sucre en poudre
1 cuil. à café de jus de citron
100 g de farine
45 g de beurre
Sucre glace.

À l'aide d'un fouet, travailler vigoureusement les jaunes d'œufs et le sucre pour les « monter au ruban ». Ajouter alors le jus de citron puis, délicatement, la farine tamisée et le beurre fondu. Monter les blancs d'œufs en neige ferme, les incorporer délicatement dans la pâte.

Beurrer soigneusement le moule à lammala. Le remplir avec la pâte.

Cuire à four moyen à 180 °C (th. 6) pendant 40 minutes.

Démouler, laisser refroidir, saupoudrer généreusement de sucre glace. Traditionnellement, le cou de l'agneau est orné d'un ruban avant de le présenter aux convives.

Gewurztraminer vendanges tardives : vin blanc d'Alsace, liquoreux et très aromatique, servi de 10 à 12 °C.

Pots de crème au miel à la gelée de sureau

Mélanger le miel et le lait, porter à ébullition.

Fouetter les jaunes d'œufs pour les rendre homogènes. Verser le lait au miel bouillant sans cesser de fouetter.

Dans des poêlons individuels de 7 cm de diamètre, disposer 1 cuillerée de gelée de sureau, verser dessus l'appareil.

Ranger les poêlons dans un plat creux allant au four, verser de l'eau bouillante dans le plat, à mi-hauteur, cuire au four à 180 °C (th. 6) pendant 25 minutes. La crème doit être ferme sous la pression du doigt.

Sortir les poêlons du bain-marie, laisser refroidir.

6 pers.

Préparation : 5 min
Cuisson : 30 min

125 g de miel liquide toutes fleurs
50 cl de lait entier
4 jaunes d'œufs
6 cuil. à soupe de gelée de sureau.

Muscat de Beaumes-de-Venise : vin doux naturel aux arômes les plus fins, servi à 10 °C.

Tarte aux mirabelles en pâte levée

XX ⊙⊙

6 à 8 pers.

Préparation : 45 min
Cuisson : 45 min
Repos : 3 h

Pâte :
10 g de levure de boulanger
10 cl de lait
40 g de sucre en poudre
300 g de farine
1 œuf
120 g de beurre
5 g de sel (1/2 cuillère à café).

Garniture :
1,500 kg de mirabelles
80 g de sucre en poudre.

Dans une terrine, délayer la levure avec le lait à peine tiède, ajouter dessus, sans mélanger, le sucre, 250 g de farine et le sel. Laisser ainsi dans un endroit tiède pendant 1 heure.

Quand la farine commence à craqueler, signe que dessous la levure « travaille », ajouter l'œuf et travailler la pâte vigoureusement en la soulevant avec les mains pour la rendre souple et élastique. Incorporer, toujours vigoureusement, 100 g de beurre mou. Battre l'ensemble une bonne dizaine de minutes jusqu'à ce que la pâte se décolle parfaitement de la terrine et des mains. (En utilisant un robot électromécanique, le travail est plus aisé.)

Couvrir la terrine avec un torchon propre. Laisser lever la pâte pendant 1 heure.

Beurrer soigneusement le moule à tarte.

Rompre la pâte, l'étaler en disque sur le plan de travail fariné, en garnir le moule.

Dénoyauter les mirabelles, les ranger en cercle sur la pâte en les serrant les unes aux autres.

Recouvrir la tarte avec le torchon, laisser lever encore 1 heure.

Cuire au four à 180 °C (th. 6). Démouler avec précaution sur une grille, saupoudrer de sucre.

En cuisant, les mirabelles rendent beaucoup de jus, qui imbibe la pâte. Il est parfois difficile de démouler la tarte. Peu importe, le moule en terre vernissée est aussi décoratif quand la tarte, portée à table, est présentée dedans.

On confectionne la tarte aux quetsches de la même manière.

Une petite flûte de **vin mousseux des côtes de Toul,** servi de 8 à 10 °C.

Table des Matières

Dépôt légal 2e trim. 2004 - n° 2 866